El Sueño

de Lupillo

Álvaro Gómez

DEDICATORIA

Este modesto libro se lo dedico a todas aquellas personas, a quienes debido a su situación migratoria en los Estados Unidos de Norte América, han sido víctimas de la persecución prejuiciosa y etnocentrismo de algunos grupos antiinmigrantes que habitan en algunas ciudades del país. Especialmente, a todas aquellas familias que han sido separadas por las obsoletas leyes de inmigración. También muestro mi respeto a las personas que han cruzado las fronteras arriesgando sus vidas y a quienes fallecieron en el intento; a la misma vez que algunos políticos y fuerzas económicas de algunos países latinoamericanos, mantienen el nivel de la pobreza en porcentajes inaceptables. Mi más profundo respeto a la clase obrera latinoamericana que a pesar de las situaciones difíciles, no se ha doblegado ante estas adversidades.

Los agricultores, profesores, ingenieros, enfermeras, doctoras, albañiles, carpinteros, cocineras, conserjes, vendedores en los mercados o supermercados, cajeros, trabajadores de hoteles y restaurantes, y todas aquellas personas que producen bienes y proveen servicios son los personajes vitales que contribuyen al progreso y desarrollo de estos países en América Latina, incluyendo a Estados Unidos.

De forma especial, también quiero dedicarle este libro a mi tía María Andrea Castellanos Gómez, quien murió en el exilio después de haber sido forzada abandonar su país de origen debido a sus actividades sindicales. A ella le secuestraron, torturaron y luego le asesinaron a uno de sus hijos.

RECONOCIMIENTO

Agradezco al Licenciado Carlos Reyes Montes de Oca, Carlos Murillo, a mi familia, y a todas aquellas personas que de alguna forma son parte de esta historia, la cual sin sus anécdotas no hubiera sido posible hacerla. Especialmente, a los trabajadores de la Bahía de San Francisco, California.

BREVE CONTEXTO HISTÓRICO Y CONTEMPORÁNEO

Antes de que Lupillo comience a relatar un sueño profundo que ha tenido y luego una realidad llena de retos interesantes, es necesario estar consciente del contexto actual e histórico del cual nuestro personaje recibe mucha influencia. Sin esa relación, sería casi imposible tener una historia que derrame con gran intensidad las acciones, y eventos que en el transcurso de la misma Lupillo experimenta.

Con respecto al contexto actual, puedo decir que un día, hablando con unos amigos les comenté que en un programa de televisión un sabio dijo: —Solamente los árboles nacen, crecen y mueren en el mismo lugar.

Pero uno de mis amigos respondió: —No es así, porque yo puedo tomar una planta recién nacida y sembrarla en una maceta y luego ponerla en otro lugar.

Eso me hizo meditar y pensé que tal vez, el sabio se refirió a lo natural, no a la manipulación del ser humano. Teniendo claro el concepto de la naturaleza y la manipulación, decidí relacionar el fenómeno de migración con la naturaleza.

Muchos de los árboles en el mundo han nacido por razones naturales; para sobrevivir reciben luz, aire y agua. Estos elementos naturales son los mismos que el ser humano necesita para sobrevivir. Pero hay muchas personas, que aunque los reciben tienen que emigrar a otros lugares para poder cubrir sus necesidades y así sobrevivir. Aunque estos elementos son vitales en la vida del ser humano, la alimentación esencial está compuesta por diferentes tipos de comida. El ser humano necesita comer vegetales, frutas, calamares, y diferentes clases de carne, salvo en el caso que sea vegetariano.

Para conseguir la alimentación las personas pueden sembrarlas y cosecharlas, aunque la mayoría optan por comprarlas en los mercados o supermercados en sus ciudades. Para comprar la comida se necesita dinero, para tener dinero se necesita tener un trabajo, para tener trabajo se necesita que existan oportunidades de empleos. Para que haya empleos se necesitan inversionistas o dueños de negocios. Para que existan dueños de negocios se necesita que tengan dinero. Y para que los inversionistas o dueños de negocios tengan dinero necesitan ser creativos o talentosos y una preparación educativa, aunque hay personas autodidactas que también tienen esas cualidades. El negocio exige ganancias; para obtener ganancias se requiere fuerza laboral, materia prima, maquinaria y otro tipo de herramientas. Teniendo trabajo las personas pueden comprar alimentos, pero después tienen otras necesidades básicas como la vivienda, la salud, la educación, el vestuario, y otras necesidades secundarias que absorben el salario de los trabajadores, especialmente cuando tienen hijos.

En los países latinoamericanos existen familias que tienen una vivienda lujosa, comen bien, visten a la moda, tienen a sus hijos en colegios o universidades de prestigio, algunos padres en sus vacaciones pueden viajar con sus hijos a Disneylandia. Pero también hay muchas familias que a veces no tienen para pagar el alquiler de la vivienda.

Algunas personas podrían pensar que el ser humano para disfrutar de una buena vida, se debe preparar e ir a la Universidad y luego conseguir un buen empleo. Tal vez tengan razón, pero me pregunto ¿Qué hacemos para ayudar a las personas cuando el presupuesto del Gobierno para la educación no es suficiente? La educación es solamente un área visiblemente afectada, pero hay otras más y algunos fenómenos sociales. Entre estos fenómenos tenemos a la migración que en los últimos años ha impactado a gran parte de las sociedades de Latinoamérica y Estados Unidos, aunque éste es un fenómeno mundial. Las familias (padres e hijos), a quienes el dinero no les alcanza para satisfacer las necesidades básicas, toman la decisión más fuerte, emigrar hacia los Estados Unidos. Todo esto ocurre y ha ocurrido con o sin crisis económica mundial. En Estados Unidos la tasa de desempleo a nivel federal ha estado alrededor del siete por ciento, a nivel estatal (California) a nueve por ciento. Esto significa que hay un problema de desempleo que afecta directamente a la población. Aun teniendo este escenario, el flujo migratorio que viene de América Latina persiste, debido a que en muchos países no existen suficientes oportunidades de empleos. Y cuando hay algunos empleos los salarios son los mínimos. Las fábricas o corporaciones discriminan al trabajador después de los cuarenta años de edad, prácticamente empujan al trabajador a obtener un empleo en el sector informal o crear una pequeña empresa. A muchas mujeres no les dan oportunidad para que puedan destacar dentro de alguna corporación. Algunos líderes de los obreros son amenazados y asesinados cuando quieren organizarse en sus lugares de trabajo. Además de esto, los hospitales y escuelas públicas casi están abandonadas con la intención de ser privatizadas.

Al mismo tiempo, en las lujosas oficinas donde les cobran los impuestos a los ciudadanos, los empleados administrativos imponen multas y exigen el pago puntual de impuestos a la clase media y a los ciudadanos más pobres. Con el dinero de los impuestos, el Gobierno puede tener más policías con armas sofisticadas en las áreas donde viven los millonarios, quienes para no pagar impuestos dicen que el Gobierno es corrupto.

El escenario descrito anteriormente es donde nuestro personaje, Lupillo, realiza las diferentes actividades con el propósito de poder sobrevivir los más grandes desafíos en su vida. Además de las condiciones mencionadas, no se puede dejar de tomar en cuenta los eventos históricos que sus antepasados vivieron, los cuales son factores importantes en su vida. Por tal razón, es necesario plantear la siguiente pregunta y al mismo tiempo tratar de responderla.

¿De dónde viene Lupillo y cuáles son las raíces históricas que él carga en su vida?

Para poder entender la situación actual de los inmigrantes indocumentados latinoamericanos en los Estados Unidos, es esencial regresar algunos siglos atrás de la historia y analizar algunas de las causas que empujaron a los primeros inmigrantes europeos a venir al Continente Americano. Por esa razón, basado en lo que encontré en algunos libros de historia y otras fuentes, les comparto los siguientes breves factores relacionados al Sueño de Lupillo.

Primeramente, no puedo dejar de mencionar a uno de los más grandes profetas y humanistas que hemos tenido, vivió hace alrededor de veintiún siglos, debido a sus palabras y acciones fue perseguido por el Imperio Romano que en ese periodo controlaba una parte de Europa y el Medio Oriente. Me refiero a Jesús el profeta, quien en su niñez también fue inmigrante, para salvarle la vida sus padres tuvieron que llevárselo de Nazaret a Egipto por algún tiempo. Fue crucificado, acusado de agitador y falso profeta, pero sus discípulos mantuvieron su filosofía y su mensaje vivo. Dos de ellos son Pedro y Pablo, quienes son considerados dos de los fundadores de la Iglesia Católica, acompañados de otros discípulos y seguidores también fueron perseguidos, martirizados y la gran mayoría crucificados.

Después de toda esa persecución la filosofía pacifista, justa y de acción de Jesús se consolidó en el corazón del Imperio Romano; creció, tomó poder y al paso del tiempo, ha tenido algunas transformaciones debido a los cambios de algunas sociedades del mundo. Posteriormente, a la obra de Jesús y sus discípulos en fundar el Catolicismo, muchos eventos importantes sucedieron en el mundo. Entre estos eventos podemos mencionar la llegada de los europeos al Continente Americano. En el encuentro de la cultura europea y la nativa surgieron muchos cambios fundamentales, como el surgimiento de otro tipo de seres humanos.

Los mestizos y otros grupos que se han derivado de la mezcla genética entre nativos y europeos, son el resultado de estos eventos. La excepción es el grupo de nativos, quienes existen en América Latina y existían antes de que llegaran los europeos. Los criollos, es otro grupo que podría ser otra excepción a menor escala comparado a los nativos.

Entre estos eventos es importante señalar que en los siglos VIII y XV, conocida como la etapa de la reconquista de Europa, especialmente en la Península Ibérica, el poder español retomó el territorio que había sido dominado por los árabes durante casi ochocientos años. Fue al final de la reconquista cuando se hicieron los planes para viajar a otros territorios y conquistarlos, siendo el Continente Americano uno de estos.

En el año de 1492, el rumbo del Continente Americano cambió, cuando Cristóbal Colón llegó primero a la isla San Salvador y luego a la isla La Española (República Dominicana y Haití), en donde la Iglesia Católica cristianizó a miles de nativos. Pero el resto de nativos que no fueron cristianizados murieron. Cuando los españoles llegaron a América; ellos se llamaron a si mismo cristianos. Pero después de adoctrinar a los nativos, se hicieron llamar españoles, para así poder identificarse de forma diferente a los nativos, a quienes llamaron indios creándoles una sola identidad, aun cuando ellos eran formados por varios grupos étnicos.

El conquistador español Hernán Cortés, en el año de 1519 llegó a Tenochtitlán, lo que ahora es la capital de México en busca de oro y otras riquezas. Los ingleses, franceses, holandeses y otros europeos no se quedaron atrás, ellos también llegaron a la nueva tierra. Solamente, que ellos fueron más al noreste del Continente Americano y el Caribe. Coincidiendo con estos acontecimientos algunos cambios importantes en las sociedades de Europa occidental ocurrieron. En los siglos XV y XVI, durante el Renacimiento, en Italia floreció la literatura y el arte de los antiguos griegos, lo cual se expandió por toda Europa. La forma de ver al mundo y los valores del ser humano cambió en este periodo. Una de las orientaciones principales era que el ser humano debería de contemplar la naturaleza, dejando atrás lo estricto y lo dogmático que en la

Edad Media se practicaba. En este periodo la sociedad comenzó a cuestionar a las autoridades tradicionales como a los Reyes y al Papa.

En los siglos XVI y XVII, Alemania, Inglaterra, Italia, Holanda e Irlanda, pelearon contra el Catolicismo. Este nuevo movimiento es a lo que ahora le llamamos el Protestantismo. En estos cambios, España y Portugal mantuvieron un vínculo más cercano a la Iglesia Católica comparado con Inglaterra. Estos países europeos, competían entre ellos mismos para mantener la hegemonía social y económica, en una Europa en donde se comenzaba a escuchar el concepto de Estado y Nación. La competencia no era solamente económica, sino también militar.

En Europa en el año de 1520, el sacerdote alemán Martin Lutero, fue expulsado por el Papa debido a que Lutero pidió que la Biblia fuera traducida al alemán. Lutero, también cuestionó la jerarquía de la Iglesia, el sistema de indulgencia y el uso del dinero que ésta administraba. Durante el periodo del Renacimiento, algunos europeos se preguntaban ¿Qué tantos intermediarios deberían tener para comunicarse con Dios? Al mismo tiempo, la escasez de comida causaba cientos de muertes.

A Lutero le siguió Juan Calvino, teólogo, reformador protestante, quien sugirió que la importancia primordial de la Biblia y la doctrina de la salvación es por medio de la fe. Esta filosofía teológica fue dominante en Suiza, Holanda, Hungría, Polonia y Alemania; con los hugonotes de Francia, los presbiterianos escoceses, como también los ingleses puritanos, quienes después emigraron a Norteamérica. En alguna forma estos cambios religiosos, filosóficos, sociales y políticos empujaron a que los europeos crearan el concepto Nación, que se refiere a la gente y el Estado o forma de gobierno, lo cual ayudó a establecer el sistema político, social y económico de los europeos. Éste fue el inicio de separar el poder de la Iglesia con el Estado.

Dos siglos después de que Cortés llegara a México, en Inglaterra se siguió el enfoque en la industria de los textiles. Las grandes compañías textileras necesitaban la lana y para esto necesitaban más ovejas. Esto hizo que la aristocracia que dominaba Inglaterra forzara a los agricultores a abandonar las tierras. Como resultado, muchas personas emigraron del campo hacia Londres y a otras ciudades en busca de oportunidades de empleo. En ese tiempo, Londres era la ciudad más habitada en el noroeste de Europa. El nivel de la población de Londres, y otras ciudades aumentaron, con esto el desempleo. La única alternativa que las personas tenían para sobrevivir, era emigrar de Londres a América por medio de un contrato de servidumbre. Este acuerdo consistía en trabajar sin salario por siete años para el patrón que había pagado la travesía del océano, luego eran indemnizados con cincuenta acres de tierra después de cumplir con el contrato.

Los inmigrantes en su nuevo medio ambiente tuvieron muchas dificultades para sobrevivir, les faltaba los alimentos, y afrontaron a la malaria, fiebre tifoidea, otras desconocidas y letales enfermedades. También enfrentaron la resistencia de los nativos, quienes trataron de defender sus tierras y lucharon, pero fueron relativamente derrotados. Los inmigrantes decidieron expandirse en el nuevo territorio y comenzaron a fundar las trece colonias.

Muchos países europeos compartían una misma visión. Se cree que el propósito de crear las colonias en el Continente Americano era el de extender el poder, mantener el dominio de algunos países europeos y encontrar oro para así financiar las guerras que en Europa tomaban lugar. Aunque en el caso de los ingleses, fueron personas particulares con mucho dinero quienes invertían en los viajes transoceánicos. Dentro del grupo de los migrantes venían los peregrinos, a quienes se les llamaba también puritanos.

En el norte del Continente Americano uno de los colonizadores ingleses llamado capitán John Smith, en 1607 fundó Jamestown, Virginia en honor al rey James de Inglaterra, mientras que los franceses se establecieron en Quebec en el año 1608, holandeses en Nueva Holanda y Nueva Ámsterdam lo que actualmente es New York, los españoles en el Norte, en el Caribe,

Centro y Suramérica junto con los portugueses que se establecieron en Brasil, principalmente.

Después de que llegó Cortés a México, los conquistadores establecieron el sistema de encomienda, en el cual las producciones agrícolas, minería y otro tipo de trabajos eran realizados por los nativos. Diferente a los españoles, los ingleses tenían la orientación de organizar corporaciones privadas al momento de fundar las trece colonias. La creencia de John Smith era que la gente tenía que ser forzada a trabajar. Por esa razón, John Smith fue repudiado por los nativos y por su propia gente. Desafortunadamente, para los europeos en esas tierras no encontraron oro. En 1607 en Jamestown, se cree que murió mucha gente, incluyendo personas aristócratas.

Tres años más tarde (1610), nuevamente en Jamestown, hubo escases de comida en la cual gran número de la población murió. Pero años más tarde, ellos descubrieron el tabaco, el cual fue la base de la economía de Virginia y creó una fuerza colectiva de trabajadores para cultivar el producto. Los trabajadores que inicialmente cultivaron el tabaco fueron traídos desde Londres y luego en 1619 de África. En ese tiempo comenzaron a traer como esclavos a las personas africanas. En el año 1620 llegaron a las costas de Massachusetts los peregrinos, quienes creían que ésta era la tierra prometida según su religión. En el año 1630, fundaron una colonia a la cual le llamaron la Bahía de Massachusetts.

En esta ciudad, empezó una nueva forma de practicar la religión, en donde surgieron dos tipos de puritanismo. Básicamente, el concepto era creer que solamente aquellos que tenían una excesiva fe deberían ser parte del Gobierno, la Iglesia debía de ser independiente de la monarquía, la Biblia necesitaba ser traducida a una lengua común y creían que no necesitaban un sacerdote como intermediario con Dios.

En general, el puritanismo tenía marcadas diferencias con la Iglesia de Inglaterra. Esto originó que el Rey James de Inglaterra declarara que todo esto fuera ilegal y empezara una persecución contra todos aquellos que lo practicaran.

Las dos formas de puritanismo fueron; Separatismo que se orientaba al alejamiento de la creencia de la Iglesia de Inglaterra, la otra fue la Congregacionalista, la cual sugería que se debía practicar la fe y demostrarla haciendo un modelo de sociedad. Bajo este concepto, los puritanos creían que todos deberían tener una porción de tierra, había un sentido de comunidad, el sistema debería estar establecido basado en la moralidad, personas con conductas sexuales no apropiadas y blasfemia deberían ir a la cárcel, ir a la Iglesia era mandato, los santos o elegidos eran quienes controlaban la política y solamente aquellos que iban al Paraíso tenían el derecho de gobernar. Pero años después, en el siglo XVII comenzó "El Primer Gran Despertar" y con esto una tensión entre los viejos y los nuevos iluminados.

Durante esta época había dos formas de creencia; el Deísmo, creía en la ley natural y que Dios estaba en todos los lugares, como en árboles y ríos, mientras el Pietismo, decía que la forma de la religión era muy aburrida y estaba muy desconectada con la gente y debería de haber una mejor conexión.

Uno de los líderes religiosos de esta creencia fue el inglés George Whitefield, quien vino a las colonias en 1730. Los nuevos iluminados eran bien carismáticos, predicaban en las plazas, bajo los árboles y eran apasionados. La otra perspectiva; los iluminados viejos, decían que los nuevos interrumpían a la Iglesia y que mal informaban a la comunidad religiosa. Esta época fue considerada como el ciclo de la inspiración y los valores de racionalidad. Algunos de los fundadores de los Estados Unidos concordaron, que todos los hombres habían sido creados iguales basados en los derechos naturales.

Casi un siglo después, es decir, en el siglo XIX, en Europa Charles Darwin, con su Teoría de la Evolución, ayudó a que la ciencia se desarrollara y con esto a las sociedades del mundo. Él dijo que las especies se reproducían bajo la selección natural. Esta teoría cambió las perspectivas de la humanidad, la cual señalaba, que los seres humanos somos el resultado de un cambio en frecuencia genética en una población, que pasa de generación a generación. Aunque, también señaló que había especies que eran más resistentes y otras más débiles, pero nunca dijo que algunas de estas tuvieran más poder sobre las otras.

Años más tarde, comenzó la creencia llamada "Darwinismo Social", la cual sugiere que dentro de las clases sociales había una más fuerte que la otra. Con ésta se estableció que la clase élite eran los fuertes, por lo tanto, dueños de los privilegios dentro de la sociedad. Desafortunadamente, los grupos de piel morena y otros grupos minoritarios han sido tratados como personas inferiores.

Con esta creencia, la mayoría de las élites de las sociedades de los países más poderosos del mundo, como Alemania, Francia, España, Inglaterra, Italia y Estados Unidos han dominado en los dos últimos siglos a la mayoría de países del mundo. Esto ha ocurrido y sigue ocurriendo en muchas de las sociedades europeas y de Estados Unidos, pero la ideología liberal y progresista ha logrado algunos cambios importantes.

Desde el siglo XX, estas dos fuerzas han estado marcando cambios importantes en Estados Unidos, entre los cuales podemos mencionar los derechos reproductivos de la mujer que incluye el aborto, el derecho a la integración de grupos minoritarios que han sido discriminados, el derecho a tener seguro médico y no ser discriminado, el derecho de las personas sobre el poder corporativo e inclinación a no reducir impuestos a los millonarios. Aunque la riqueza económica, todavía es manejada audazmente por los jefes corporativos.

En Estados Unidos hoy en día tenemos un presidente, Obama, quien es de ascendencia africana y anglosajona, lo cual nos indica que en términos de prejuicios raciales se ha dado un gran paso, pero no lo suficiente. Para que esto ocurriera muchos líderes tuvieron que ofrendar sus vidas, otros fueron a las cárceles y algunos fueron espiados por los adversarios políticos durante toda su vida de liderazgo. Como fue el caso de César Chávez, líder de los trabajadores de la industria de la agricultura que fue espiado. También se puede mencionar con más tristeza los asesinatos de Martin Luther King Jr. y Malcolm X que fueron dos de los principales líderes afroamericanos de los derechos civiles, en la década de los años 60 del siglo pasado.

Estos son algunos de los eventos históricos y actuales que influyen en la vida de Lupillo, de quien a continuación conoceremos sus aciertos, y desaciertos que ha vivido en las etapas de su vida.

EL SUEÑO DE LUPILLO

En una noche y en una ciudad cosmopolita de los Estados Unidos de Norte América, terminé muy cansado después de un agotador día de trabajo. Quedé tendido en mi cama, ni siquiera las sirenas de los bomberos que pasaban cerca del apartamento eran capaces de hacerme volver a mi realidad. Terminé el día totalmente dormido y soñando. Las dimensiones de mi inconsciente en ese momento comenzaron a ayudarme a expresar mis más grandes inquietudes. Comencé un viaje retrospectivo que de repente me llevó a un difícil presente, el cual también estaba acompañado por la fe y esperanza de un próspero porvenir. Es así como inició mi historia, la cual continúa con los detalles de mi relativo origen y eventos que viví en mi tierra natal y en los Estados Unidos.

En el sueño, me transporté a mi lugar de nacimiento, la capital de un país de América Latina o Hispanoamérica, y les cuento que a mi temprana edad perdí a mis padres. Mi progenitor desempeñaba varios oficios. Era carpintero, mecánico de carros, electricista, albañil, panadero y a veces cargaba bultos en uno de los mercados de la ciudad. En su tiempo libre le gustaba beber vino y cerveza, lo cual desgastaba su cuerpo y causaba el desajuste económico de la familia. Cuando llegaba el fin de mes, el dinero casi no le alcanzaba porque tenía que pagar la mensualidad de una vivienda que no tenía piso, algunas veces carecía de luz y agua. El dinero que ganaba no era suficiente para comprar completamente todos los alimentos básicos. Sin embargo, nunca dejó de cumplir con la responsabilidad de pagar el alquiler de la vivienda y llevar frijoles, arroz, tortillas, y café a nuestro hogar. A veces, en una de las tiendas del barrio le fiaban algunos productos que necesitábamos. Incluso, en ocasiones llevaba comida extra

31

para que mi madre la cocinara y después venderla en el vecindario o en las calles del barrio.

Un día recordé a mi madre, una joven de veintidós años, cuando ella cocinaba, lavaba y remendaba ropa ajena e iba a limpiar las casas de algunos vecinos. Haciendo esto, ganaba unos centavos que le servían para ayudar a pagar el alquiler de la vivienda, mitigar algunas otras necesidades básicas, sobrevivir una vida llena de imágenes fantásticas, las cuales miraba en vitrinas de supermercados y afrontar una realidad en-sombrecida.

También recordé que al paso de los años, mi padre no pudo más, y murió a los treinta y ocho años, mientras a mi madre los pulmones y riñones cada día le fueron fallando, hasta llegar al final predecible. Solo quedé caminando sin rumbo, pidiendo en las calles limosna a personas que se podían compadecer de mi desgracia. Pasé noches enteras durmiendo a los pies de los inmensos edificios, acurrucado en alguna acera en donde nadie pudiera molestarme.

Así viví por un periodo de tiempo. Pero a mis doce años, en las calles con mi playera azul pálida, que el sol ya le había calado, y con mi pantalón de lona que no tenía color, vendiendo periódicos, ganaba dinero para comprar pan, frijoles y café. En mi temprana edad como trabajador, era un buen vendedor de periódicos, ganaba lo suficiente para pagar la mensualidad de un pequeño cuartito que me alquilaban unas muy buenas personas, quienes eran amigos de mis difuntos padres y míos.

Después de la jornada diaria de trabajo, me gustaba jugar pelota en las calles de mi cálido barrio. Cuando jugaba con mis amigos, adoptábamos los nombres de las grandes estrellas del fútbol mundial. Mi gran estrella era Diego Armando Maradona, quien le anotó dos excelentes goles a Inglaterra en el Mundial México 86. Disfrutaba mucho porque después de jugar pelota en una esquina de la calle, nos sentábamos en una acera a tomar un refresco y a contar chistes o hacer unas que otras bromas. Por las noches, en la casa de uno de mis amigos gozábamos ver el programa de televisión

"El Chavo del Ocho". También con mis amigos íbamos los días domingos por la mañana al cine, a ver películas que nos llamaba la atención. No solamente nos gustaba jugar pelota, también jugábamos trompo, volábamos barriletes o cometas, jugábamos lotería y a veces barajas.

Pasó el tiempo, dejé de ser niño y me convertí en un adolescente de dieciséis años. Mi mundo laboral seguía relacionado a la venta de periódicos. Me gustaba mucho leer el periódico, especialmente los editoriales. Pero generalmente en las primeras planas me daba cuenta de las guerras que ocurrían en el mundo, las crisis económicas de Estados Unidos y de los países de Latinoamérica, las guerras civiles modernas, los precios de la canasta básica que eran incrementados consistentemente cada año, los golpes de estado que ocurrían en algunos países de América Latina, los asesinatos de periodistas, estudiantes, sindicalistas, líderes populares y militares conservadores.

Con estas situaciones comencé a entender lo que ocurría en el mundo, en mi país y en mi vida. Me di cuenta que aun trabajando duro todos los días, el dinero no me alcanzaba para pagar el alquiler de la vivienda y a duras penas tenía para la comida. Por esa razón, solicité empleo en varias compañías, pero como no tenía el certificado de secundaria o profesión universitaria y experiencia laboral, siempre me negaban el trabajo.

EL SUEÑO CONTINÚA

Mi situación cada día se empeoraba, hasta que un día decidí cambiar de vida, abandoné la ciudad que me había visto crecer. Y caminé hacia el Norte. Según las historias que me contaban mis amigos, ahí podría alcanzar todos mis sueños. Según ellos, en el Norte podría tener una bonita casa, un carro del año e ir cada semana al supermercado a comprar lo que necesitara y cuando tuviera hijos poderlos inscribir en la Universidad.

Después de haber devorado carreteras enteras en el mes de diciembre, llegué al límite que divide a dos países con culturas diferentes y en donde se encontraban fijamente enfrentados el presente y porvenir de mi vida. Casi moribundo junto a otras personas crucé la frontera en dos días llegando sin dinero, sin bañarme y con mi ropa sucia a Phoenix, Arizona y dos días después a San Francisco, California.

Una noche, caminando sin rumbo en las calles de la ciudad, no aguantaba el frio, sentía que las piernas se me acalambraban, encontré a dos personas blancas americanas que me llevaron a un refugio en donde me proveyeron una cama y al día siguiente un plato de comida. Por la mañana decidí caminar en el centro de la ciudad, enfrente de un hotel vi una fila de personas que al parecer buscaban trabajo. Me metí a la fila y cuando me tocó el turno en la entrevista, dije "si" a casi todas las preguntas que me hizo el reclutador del hotel. A los pocos días me comunicaron que había sido afortunado en conseguir una posición, que me presentara al siguiente día al hotel y hablara con el señor Mancilla.

En el primer día, desorientado busqué al señor Mancilla, para que me indicara cuales iban a ser mis funciones en el trabajo. Encontré al señor Mancilla en uno de los corredores cerca de la cafetería de los empleados. En ese momento, el señor Mancilla me dijo: —Ah tú eres el nuevo dishwasher (lavaplatos), a quien hemos empleado para que trabaje en el piso "F" en donde hacemos las recepciones y banquetes. A lo cual respondí: —Si, yo soy, me llamo Guadalupe Pérez Montufar, mis amigos me llaman Lupillo. Luego el señor Mancilla dijo: —Ok Lupillo, entonces habla con José para que te consiga un uniforme y que te enseñe como hacer el trabajo en esa área.

Poco a poco comencé a familiarizarme con mi trabajo ayudado por mi compañero José, quien trabajaba de lavaplatos y me enseñaba pacientemente. Conforme pasaron los días, me di cuenta que el señor Mancilla era el jefe de los waiters y dishwashers (meseros y lavaplatos), es decir, jefe de banquetes. También el señor Mancilla, tenía la imagen entre los trabajadores de ser una persona que creía que el hotel era su propiedad. Él tenía por costumbre llevarse a su casa todo lo que sobraba en las convenciones. Algunas veces dejaban playeras, lapiceros, libros y todo tipo de productos. En muchas ocasiones las corporaciones dueñas de las convenciones regalaban o simplemente dejaban estos productos en el hotel, siendo los jefes quienes decidían que hacer con estas cosas. Como algo muy lógico y normal en el mundo de los negocios, a él le gustaba llevarse lo mejor y el resto se lo daba a los trabajadores.

El señor Mancilla, era también considerado alguien muy especial, a quien los trabajadores cada quincena, tenían que pedirle favor que les completara las horas de trabajo que en sus cheques no les pagaban.

Al señor Mancilla le iba tan bien, que tenía una mansión en un lugar muy exclusivo cerca de la ciudad. En ocasiones, algunos compañeros de trabajo y yo, fuimos a cortar la grama del jardín y a limpiar la piscina. Claro, esta labor era pagada por la nómina del hotel. Un día, nos llevamos tremendo susto cuando vimos al señor Mancilla que se lanzó un clavado desde el trampolín de la piscina, a los pocos minutos nos dimos cuenta como si una cabeza flotaba en el agua, rápidamente tomé una raqueta que se usa para limpiar piscinas y traté de halar la cabeza supuestamente del señor Mancilla. Pero al darme cuenta que no podía llamé a mis compañeros, el grupo se lanzó a la piscina con todo y ropa, cuando de repente uno de ellos al tocar algo que parecía una cabeza, dijo: —¡Ya lo tengo!

Al mismo tiempo, en la esquina opuesta de la piscina el señor Mancilla muy sorprendido en voz alta preguntó: —¡Hey, ustedes! ¿Qué quieren hacer con mi peluca?

Después, un poco más relajados nos miramos recíprocamente, alguien del grupo exclamó: —¡Ah caray! ¡Tremendo susto nos dio! ¡Pensé que ya se nos había ido para el otro mundo!

Días después del incidente, en el hotel muchos trabajadores ya se habían enterado de lo ocurrido en la mansión. Algunos trabajadores contaban el evento de diferente forma y otros lo exageraban.

El tiempo pasaba volando, yo ganaba experiencia laboral en el hotel, pero esta no era bien retribuida. Me daba cuenta que en los días de pago, las horas regulares y extras de trabajo no salían completas, aunque trabajaba lo suficiente. Sin embargo, en los turnos de trabajo no faltaban los vinos y las cervezas que eran consumidas por los jefes, compañeros y yo.

Un día vi en el refrigerador de la cocina principal del hotel, tres libras de carne de res, las cuales parecían muy frescas. Se me apeteció un bistec para cocinarlo en mi apartamento. La tentación me venció y sin que nadie se diera cuenta tomé la carne, la metí en una bolsa de plástico y me la llevé a mi locker (armario). Luego al momento de la salida de mi turno, en el armario, me quité el uniforme de trabajo, me puse mi ropa personal y me dispuse a salir del hotel, pero me había puesto la carne debajo de un sombrero gris que acostumbraba usar. Cuando iba a marcar la salida en mi tarjeta de turnos, el timekeeper (persona que controla la entrada y salida de los trabajadores del hotel) me dijo: —Oye Lupillo, ya te diste cuenta que de tu cara está escurriendo sangre, como la de Jesucristo cuando fue crucificado.

Con mi mano izquierda me toqué la frente y me di cuenta que la sangre de la carne me estaba delatando.

41

Muy preocupado y nervioso solamente contesté: —Me parece que con algo me di un golpe en la cabeza.

Inmediatamente, regresé al armario, me quité la carne de la cabeza, me limpié la cara y decidí dejar la carne en un bote de basura que estaba al lado derecho del lavamanos. Con las evidencias ya deshechas, casi a las once y media de la noche, salí del hotel y me fui a mi apartamento.

Después de ese terrible susto seguí trabajando en el hotel en donde cada día me asignaban más trabajo. En el mes de noviembre, me enteré que los trabajadores de un conocido hotel, se fueron a huelga porque la avaricia de los empleadores les dictó no compartir parte de sus ganancias con los trabajadores. Una semana antes de Thanksgiving Day (Día de Acción de Gracias, día festivo que se celebra el cuarto jueves de noviembre) se me ocurrió pedir a mis compañeros los pavos que íbamos a recibir del hotel y compartirlos con los compañeros que estaban en huelga. Fue tan grande la respuesta de parte de los trabajadores, que muchos pavos fueron donados para los compañeros huelguistas. Pero la respuesta del gerente general del hotel fue clara y exigente, cuando en el estacionamiento del hotel, de una manera casi histérica me dijo: —Los pavos son para los trabajadores de mi hotel, no para otra gente.

Con respeto contesté: —Si usted a mi me regala un dulce, yo a usted se lo recibo, pero es mi decisión si me lo quiero comer o si lo quiero regalar.

En este incidente, quedé marcado ante la suprema autoridad del hotel que era admirado y al mismo tiempo temido por los trabajadores. El señor gerente ganaba alrededor de doscientos mil dólares al año, apoyaba activamente al partido político que representa los intereses de los millonarios, tenía mucho que ganar y mucho que perder. Al señor le favorecía cuando el partido de los ricos ganaba las elecciones; los impuestos que pagaba eran reducidos considerablemente. Esto se traducía a que en su cuenta bancaria quedara más dinero para disfrutar su vida. Según él, las ganancias por el ahorro del pago de impuesto eran significantes. Pero cuando su partido no ganaba, la posibilidad de pagar más impuestos era grande. Al ocurrir esto, se quejaría porque su cuenta bancaria sufriría una reducción en su balance. El desembolso que haría para pagar impuestos sería de miles de dólares.

Contrariamente, yo en ese tiempo no apoyaba a ningún partido político, solamente temía perder mi trabajo que era para sobrevivir, por eso algunos de mis supervisores decían: —Si no quieres tener problemas, no te metas en asuntos que solamente los jefes tienen derecho a participar.

Como represalia, un año después del incidente, la gerencia decidió no dar pavos para el Día de Acción de Gracias a los empleados del hotel. Al ver esa acción solamente quedamos sorprendidos y entendimos el mensaje.

Mi vida siguió recibiendo sorpresas y experiencias muy interesantes. Una noche y una apendicitis, fueron parte de un evento en el cual logré entender como diferenciar lo que es ser adversario o ser enemigo. Después de pasar una noche difícil y ser sometido a una operación, recordé como la muerte me estaba invitando a que la acompañara. Pero, resistí porque quizás no era el momento. Gracias a que una enfermera, vio que me faltaba oxígeno para respirar es que todavía puedo contar esta anécdota. Recuerdo que dos días después de mí operación, en la cual me quitaron la apéndice, recibí un bonito arreglo floral que llevaba una tarjeta que literalmente decía "Deseo que te recuperes pronto" e iba firmada por el gerente del hotel.

Esta acción me hizo entender que en la vida las personas pueden tener diferencias de valores y principios, pero en el fondo el ser humano siempre lucha por querer hacer el bien. El señor gerente a pesar de tener diferencias conmigo, con esa acción enseña y expone que la rivalidad hay que aceptarla con responsabilidad y sin ir a los extremos.

Pero pocos años más tarde, en un proceso para mejorar las Relaciones Obrero-Patronal conocido como "Building Bridges" (Construyendo Puentes), el cual fue promovido por la Administración de Bill Clinton, el señor gerente pidió a los coordinadores del programa, que yo no participara porque resistía aceptar algunos cambios operacionales del hotel. Esta petición no fue aceptada, seguí en el programa resistiendo junto a mis compañeros algunas tácticas y estrategias que usaba la gerencia del hotel para desmoralizarnos. La patronal tenía como objetivo persuadir a los trabajadores a que aceptaran el cruce de clasificaciones, lo cual significaba la realización de múltiples clasificaciones de trabajo. En pocas palabras, los trabajadores teníamos que hacer otras tareas de trabajo que le correspondían a otros compañeros. Con estos cambios, la sobre carga de trabajo iba a ser inminente y la calidad de servicio iba a ser menor. Mucho más negativo iba a resultar para los trabajadores con poca seniority (antigüedad) que iban a irse en lay off (cesantía). La perspectiva de nosotros en este proceso, era que se diera más participación a los trabajadores en la toma de decisiones y elevar las ganancias del hotel, aumentar los salarios de los empleados, como también mejorar las condiciones de trabajo. En este proceso, logré entender y ratificar que hay que saber vivir con las rivalidades, al mismo tiempo mantener los valores y principios con convicción.

El tiempo transcurrió, que se convirtió en años, hasta que en esos momentos de tensiones políticas y sociales, la gerencia del hotel decidió hacer una limpia (revisión de permisos de trabajo) de empleados indocumentados, como resultado de esta acción, algunos compañeros y yo fuimos despedidos. Esto ocurrió a finales de la década de los años 1990, momentos en que la fiebre de la producción de computadoras daba un respiro económico al país.

UN NUEVO RUMBO EN EL SUEÑO

Después de esos eventos importantes, me mudé a un valle muy famoso llamado "El Valle del Silicio", en donde producían millones de computadoras y otro tipo de equipos de alta tecnología. Actualmente, todavía hay producción de tales productos, pero ha disminuido. En ese tiempo, tuve suerte al ser contratado por una Compañía Nacional de nombre "The Best Cleaning" (La mejor limpieza), especializada en limpiezas de edificios. Como no tenía otra alternativa porque necesitaba trabajar, adquirí una nueva identificación que no me pertenecía. Comencé a trabajar de janitor (conserje) en donde limpiaba una infinidad de oficinas, baños, corredores, estacionamientos de automóviles, y después de hacer esto, sacaba la basura al contenedor respectivo. En los primeros meses terminaba casi muerto, a veces no podía levantar los pies para caminar.

Los años pasaron tan rápido como los vientos de Santa Ana, California. Y a la par del tiempo me daba cuenta que los pagos incompletos de mis cheques no solamente era algo que ocurría en el hotel, sino también en la industria de limpieza.

Agregado a esa situación, después de trabajar muchas veces mis compañeros perdieron sus carros cuando fueron detenidos por la policía y debido a que ellos igual que yo no teníamos una licencia de conducir vehículos en California. Los edificios donde trabajábamos estaban a muchas millas de distancia del apartamento en donde vivíamos. Algunas veces para no perder sus vehículos, mis amigos pagaban cientos de dólares a la policía para que se los devolvieran.

En esos años no solamente vivía la experiencia de un ambiente de trabajo muy difícil, sino también se sentía un ambiente hostil y temor, hasta llegar al punto de ver por la TV al presidente declarando la guerra a otro país sin medir las consecuencias. Como respuesta a esa decisión tremendas marchas de protesta ocurrían en todo el país y alrededor del mundo. En esos días, en las manifestaciones acompañé a miles de trabajadores, estudiantes, profesores, humanistas y a todas aquellas personas que rechazan la guerra como una herramienta de solución a los problemas. Me sentía parte de la sociedad y de un movimiento que valora la existencia del sentido humano.

Pero una de esas confusas noches, después de haber participado en una de esas marchas de protesta, unos policías entraron a mi apartamento, me tiraron a la alfombra, me pusieron boca abajo, me registraron las bolsas de mi pantalón y me pidieron mi identificación personal. Afortunadamente, unos meses antes había ido al consulado de mi país a conseguir la matrícula consular.

Muy confundido solamente dije: —Yo vivo aquí desde hace muchos años y aquí está mi matricula consular donde están todos mis datos personales.

Uno de los policías sorprendido, después de haber leído mi identificación, solamente respondió: —Ah sí está bien, veo que tú vives aquí, alguien llamó a la policía diciendo que en este apartamento había una persona desconocida.

Estaba asustado, por eso sólo guardé silencio. Luego, la policía se marchó. Casi quince minutos después del incidente, un vecino llegó y me dijo: —Yo fui quien llamó a la policía porque vi por la ventana que tenías muchas luces encendidas, regularmente siempre veo encendidas las luces del comedor.

Seriamente, respondí al vecino: —Está claro, que con el concepto de que en nuestros vecindarios todos somos policías y a la misma vez todos somos sospechosos de ser criminales, nos hemos convertido en verdugos de nosotros mismos, a pesar de que hay ocasiones en las cuales verdaderamente se necesita la presencia de la policía. Tristemente, en nuestra sociedad ocurren estas situaciones, pero hay otras peores.

Recientemente, el caso en el Estado de Florida; Trayvon Martin versus George Zimmerman, en el cual Zimmerman, de origen anglosajón e hispano y guardia voluntario de seguridad, le quitó la vida Trayvon, quien era un joven afroamericano solamente por percibir que su vida estaba en peligro en el momento que tenían una pelea física. Parece simple descifrar lo que ocurrió en esa pelea, podría ser el miedo, el prejuicio racial, la cultura de portar armas de fuego y creerse héroes lo que induce a las personas a cometer acciones irreversibles que no solamente dañan sus vidas, sino también a otras familias.

Aparentemente, los prejuicios raciales permanecen deambulando en la mente de algunas personas que se han detenido en el tiempo, pensando que la pólvora de las armas es más poderosa y respetuosa, que la saliva de la boca del ser humano, la cual transmite palabras con la intención de encontrar el entendimiento en momentos de confusión. Pero podrían existir otros factores.

Mi vida continúo teniendo algunas barreras, pero acompañadas de algún éxito. Un sábado por la noche, listo para dormir, dentro de toda una colección de recuerdos en mi memoria, escuché a mi voz interior la cual me sugirió que analizara lo que estaba viviendo. Comencé a entender que mi situación dentro del país me hacía vulnerable y por tal razón estaba a merced de cualquier persona en mi vivienda, en las calles y en mi lugar de trabajo. Estaba consciente de mi condición de inmigrante indocumentado y que en mi trabajo esto era usado por el patrón, como una herramienta efectiva para la producción desmedida. La experiencia obtenida en mi trabajo me convirtió en un maestro en el arte de la limpieza, en donde aprendí a limpiar solamente aquello que mis jefes miraban como una prioridad.

Un día, me dije: —Solamente Superman o la Mujer Maravilla pueden limpiar completamente tan grandes áreas de trabajo.

El polvo de las oficinas, el olor de los baños, el aroma del jabón y el uso del cloro fueron parte de mi vida laboral. Años después, vi el fruto de mis esfuerzos, logrando ahorrar una cantidad de dinero significante. Con esos ahorros, un día decidí con un amigo fundar nuestra propia compañía de limpieza. Empezamos con diez trabajadores; mi amigo, yo y ocho personas más. Al año siguiente, la compañía había crecido porque a los administradores de los edificios, les agradaba ahorrar muchos dólares al hacer negocio con tan pequeña y productiva compañía, la cual era conocida como "El Lupillo Cleaning Services" (Servicio de Limpieza El Lupillo).

Trabajábamos día y noche dirigiendo la compañía que al final de seis años tenía dos mil trabajadores, a quienes pagaba un pobre salario, casi no les dábamos ningún tipo de beneficios debido al estado migratorio (indocumentados), y el poco dinero que los dueños de los edificios pagaban a las compañías de limpieza, especialmente en tiempos de crisis económica. En muchas ocasiones algunos trabajadores fueron despedidos, debido a que la compañía consideró que no tenían permisos de trabajo para laborar en los Estados Unidos. La mayoría de trabajadores se quejaban porque no les pagábamos las horas exactas que laboraban, pero nuestra compañía siempre buscaba una excusa para despedirlos.

Agregado a esto, las auditorías realizadas por el Gobierno Federal que presionado por los políticos antiinmigrantes, se ve obligado a aplicar las leyes y multar a la patronal por emplear trabajadores indocumentados. El resultado de esto, es el despido de cientos de trabajadores en algunas industrias del país, incluyendo la industria de servicios de limpieza. Hay que tomar en cuenta que estas acciones, obviamente satisfacen los intereses de algunos políticos, que desean ganar votos de electores antiinmigrantes para las elecciones; haciendo creer a la opinión pública que las leyes están hechas para ser respetadas.

Recientemente, se ha visto en las noticias que cierto grupo de políticos Republicanos, le han exigido a la Administración de Obama a aplicar rígidamente las leyes de inmigración. Políticamente, Obama ha complacido a este grupo esperando recibir algo a cambio (Reforma Migratoria). Sin embargo, ese grupo prejuicioso solamente quiere recibir y no ceder.

Quizás algunas personas van a decir que se quiere justificar las deportaciones masivas que se han hecho. No, no se tienen que justificar esas deportaciones, solamente cuando se trata de ser justo se deben ver los asuntos bajo una perspectiva amplia.

He entendido que el ataque antiinmigrante ha venido de varios frentes. En Arizona y Alabama los inmigrantes documentados e indocumentados están siendo atacados por medio de leyes con prejuicios raciales. El Sheriff (alguacil) de Maricopa, Arizona, el señor Arpaio, es uno de los individuos que con sus acciones en los últimos años, ha confirmado la filosofía de la intolerancia y el falso entendimiento. Muchos personajes como el señor Arpaio, saben que algunos trabajos no son bien pagados y las condiciones laborales son deplorables como la de mi compañía.

A pesar de este ambiente hostil, me convertí en un importante hombre de negocios, aunque las huellas de mi pasado quedaron impregnadas en lo más profundo de mi conciencia. Independientemente, de mis logros, me daba cuenta y me dolía la persecución de los inmigrantes latinoamericanos, algunos de mis amigos, vecinos o trabajadores perdían sus casas, pensiones y empleos. Yo solamente sentía mucho que esto ocurría, pero no actuaba.

UN ÁNGEL EN EL SUEÑO

El sueño era tan profundo, que llegó a un punto en el cual dentro del mismo un evento relevante sacudió mi conciencia. El evento cuestionó el asunto racial y confrontó a la avaricia que casi me había conquistado.

Un día por la mañana, una luz muy brillante se me apareció frente a la ventana de mi dormitorio, la cual se convirtió en un Ángel que serenamente dijo: —Los prejuicios, estereotipos, etnocentrismo y la discriminación no son comportamientos que nacen en algunos grupos antiinmigrantes por naturaleza, sino solamente es la conducta que han aprendido de generación en generación. Recuerda que tus propios prejuicios también están en tu mente. No tienes que pensar que todas las personas se comportan de la misma forma. Hay muchas que entienden y apoyan la diversidad de grupos étnicos. No dejes que tu corazón junto a tu mente te confunda y abandones lo poquito que la sociedad y tu esfuerzo te dieron. Te pido que no odies ni maldigas la falta de entendimiento que poseen algunas personas. Solamente, tienes que hacer lo que tú sientas que es correcto y lo que tu conciencia te dicte.

En ese momento, un silencio se apoderó de mí. Y enseguida ya listo para irse, el Ángel de una forma directa dijo: —¡Ah! Se me olvidaba decirte que yo no represento la creencia de Sepúlveda, al contrario, represento la creencia de Bartlomé de las Casas.

Quedé sorprendido por tan tremendo acontecimiento. Al mes siguiente, entre los trabajadores se comentaba que los salarios habían sido incrementados, ya tenían beneficios médicos y una pensión razonable para cuando llegara el tiempo del retiro laboral. Lo que este cambio significó es que mi socio y yo, decidimos rebajarnos parte de la ganancia del negocio y compartirla con los trabajadores. Esta acción, me permitió disfrutar los fines de semana con mi conciencia tranquila, porque sé que hice lo correcto, aunque las leyes económicas en desarrollo dicten que las ganancias en los negocios nunca son suficientes.

UNA REFLEXIÓN EN EL SUEÑO

Días después de haber hecho lo correcto con los trabajadores y con mi conciencia, recordé que antes de tomar esa acción, me había preguntado: —¿Cuánta ganancia es suficiente?

Después, haciendo uso filosófico de manera empírica como si fuera John Maynard Keynes (famoso economista británico de la década de 1930) o Robert Reich (famoso comentarista político, profesor universitario y escritor estadounidense contemporáneo) hice una pequeña reflexión y en voz baja comenté: —Qué bueno que la compañía no depende mucho de la bolsa de valores en Wall Street; sino en estos momentos algunos millonarios que no creen en la inversión de su dinero en las pequeñas y medianas empresas ni en el trabajador en general, estarían empujándonos a la quiebra, mientras ellos se mantendrán comprando inversiones en las industrias de la minería, financiera, petrolera, alta tecnología u otras, porque según algunos expertos financieros, ahí tienen asegurado su dinero.

La crisis económica que el mundo está viviendo, en parte es por los riesgos que algunos acaudalados no quieren tomar. Muchos expertos financieros creen que invertir dinero en pequeñas y medianas compañías generan ganancias mínimas a largo plazo. También creen que comprar maquinaria nueva, pagar salarios decentes a los trabajadores y competir agresivamente en el mercado correspondiente, solamente detiene el crecimiento económico. Algunos expertos consideran que en términos de días o de meses, un millonario puede multiplicar su riqueza solamente con vender o comprar sobrevaloradas acciones, que se negocian en la bolsa de valores de Wall Street.

Creo que otro de los factores que provocó la crisis económica mundial, fue la especulación del sistema financiero que indujo a que muchas personas compraran casas y luego perderlas porque no iban a poder pagar las cuotas mensuales, las cuales se incrementaron en un periodo de tiempo de casi dos años o más. La especulación es un factor muy importante del desempleo, pero la falta de creación de empleos por la carencia de inversiones podría ser más impactante. En otras palabras, se podría decir que la falta de inversiones y empleos es el resultado de la especulación, pero ésta tiene varios matices. Entre estos matices, podría decir que se encuentra la burbuja económica que se infla en momentos de falsa prosperidad, y se desinfla en momentos de crisis. Otro matiz podría ser la falta de inversiones en compañías pequeñas.

Sin duda, cada persona es dueña de decidir que quiere hacer con su dinero, pero debemos recordar que la sociedad está formada por diferentes clases sociales. El sentido lógico podría decirnos, si en una sociedad no hay modos de producción o fábricas que provean empleos a sus habitantes, la disfuncionalidad de esta sociedad sería totalmente destructible. Esto podría causar una tasa de criminalidad alta y también habría falta de recursos económicos para programas de salud, educación, vivienda y otros tipos de elementos vitales en el desarrollo humano.

Lamentablemente, para algunos líderes políticos incentivar y crear conciencia a los inversionistas no es una gran prioridad, aunque se reconoce que en los dos últimos años, Obama ha tratado que las corporaciones que han trasladado sus negocios a otros países regresen, a través de incentivos económicos. También a las corporaciones que todavía operan en Estados Unidos, se les motiva para que sigan funcionando en el país ofreciéndoles atractivos incentivos.

No hay duda de que eso es lo que ayudará a aliviar un poco el problema de desempleo y otros asuntos relacionados al bienestar de los ciudadanos de un país o una sociedad. Pero el liderazgo que ofrecen otros políticos, es más orientado a lo opuesto. En muchos países latinoamericanos es igual o peor. Es muy común ver que cuando la tasa de criminalidad es alta, las autoridades lo primero que hacen es aumentar el número de policías en las calles o simplemente militarizan las ciudades al estilo Segunda Guerra Mundial. Eso sucede porque es más fácil criminalizar a las personas que humanizarlas y no atender el verdadero problema. Por esa razón, como una utopía creo que los gobiernos, trabajadores e inversionistas deberían trabajar juntos y ponerse de acuerdo en cómo construir una sociedad económica y socialmente equilibrada.

Los procesos en los países latinoamericanos son difíciles de coordinar, como en algunos países europeos y Estados Unidos. Sin embargo, estos países desarrollados parecen ser una señal sobre el sistema de equilibrio social y económico que el mundo podría seguir, aunque cada país tiene su identidad que se debe respetar. Es importante que exista un punto de equilibrio entre los que no tienen dinero y los que tienen mucho en el mundo. Y para eso sirven los procesos de negociación, en el cual los trabajadores deberían estar participando para que se demuestre que se vive en sociedades inclusivas y pluralistas.

Esta sugerencia parece ser un simple deseo debido a que los dueños del dinero se sienten muy poderosos y nos les gusta compartir ese poder. Es decir, al compartir el poder ellos creen que podrían ser forzados a compartir las ganancias que generan sus corporaciones. La tensión en la mente de estas personas, podría ser causada por el temor a perder dinero y privilegios.

Esa es la misma tensión que tuve cuando mi socio y yo, no queríamos compartir con los trabajadores de la compañía las jugosas ganancias que estábamos obteniendo. Cuando entendí el papel que juego en la sociedad, decidí compartir un poco de mi dinero y al mismo tiempo ser parte del grupo de trabajadores y no sentirme superior.

Ojalá que basados en la organización en estos momentos de crisis económica de escala mundial, los trabajadores europeos, latinoamericanos, estadounidenses y de todo el mundo, puedan mostrar que la historia fue escrita por ellos. Y no por algunas personas que año tras año, demuestran con sus acciones que tanto valoran a la humanidad. En Europa, específicamente en Grecia, España y Portugal, los trabajadores están atravesando por un nivel de desempleo bastante alto, Estados Unidos, no es la excepción. Al mismo tiempo la clase dominante, globalmente organizada tiene instituciones que defienden su interés económico en el área local e internacional. Entre estas organizaciones se encuentran el Banco Mundial (BM) y el Fondo Monetario Internacional (FMI). Estas instituciones tienen sus objetivos muy bien establecidos.

En América Latina, el FMI era la institución que daba préstamos a países que supuestamente necesitaban dinero, para salir de las crisis económicas en las últimas décadas. Los intereses que imponían eran bien altos y junto a esto pedía que algunas instituciones gubernamentales fueran vendidas a empresas privadas. Si una empresa telefónica pertenecía al Gobierno, el FMI exigía a los gobiernos que la vendiera a inversionistas extranjeros o locales. El papel que juega el Banco Mundial y el FMI, es multiplicarles el dinero a los inversionistas que consideran el dinero como un dios y no son herramientas que ayuden al bienestar colectivo de una sociedad o de una nación.

En términos personales sigo con mi reflexión hablando específicamente sobre la experiencia con mis padres y las condiciones de vida de los trabajadores en América Latina:

Mis padres murieron porque no tuvieron una preparación educativa digna, los centavos que ganaban eran tan pocos que no cubrían las necesidades básicas. Y cuando se enfermaron, no contaron con asistencia médica ni medicinas de parte del sistema de salud del Gobierno. Ellos dieron lo máximo de sus vidas para sobrevivir. Fueron trabajadores y luchadores por la vida. Cuando la ropa que usábamos se deterioraba, mi madre remendaba con hilo y una aguja sus vestidos, las camisas y los pantalones de mi padre y los míos. Para ganar unos centavos, también hacía ese trabajo y cocinaba comida para venderles a los vecinos. Por las noches, cuando nos acostábamos para dormirnos, arreglaba mi cama y se aseguraba que me cubriera con las sabanas limpias que ella lavaba con mucha dedicación.

Mi padre, aunque tomaba sus vinitos, nunca llegó a la casa con las manos vacías. Siempre llevaba algo para comer o algunos centavitos para comprar azúcar, sal u otros productos que comprábamos al menudeo. A pesar de esa situación, mis padres siempre me decían que cuando tuviera siete años, me iban a inscribir a la escuela que estaba cerca del barrio. Desafortunadamente, fallecieron sin haber tenido la oportunidad de compartir el proceso de nuestras vidas. Los vecinos apoyaron mucho a mis padres en todo momento. Cuando no teníamos un centavo para comprar la medicina, siempre alguien nos regalaba dinero para comprarla. Pero cuando el precio cada día era más caro y la marca cambiaba, se compraban algunas medicinas y otras quedaban pendientes.

En el momento que murieron mis padres, los vecinos colectaron dinero para pagar el funeral de cada uno. A mis padres la pobreza los fue matando poco a poco. El proceso de la muerte de cada persona es variable. Pero creo que en la vida de muchas personas pobres, las preocupaciones sobre el futuro se convierten en ansiedad, que primero absorbe la salud, después el espíritu, y por último caen en las manos de la muerte. Esa misma muerte es la que no hace distinción entre el rico y el pobre, es decir, la que trata a todos con igualdad.

Según mi sentido lógico, las raíces de la pobreza son muchas, pero hay algunas que tristemente prevalecen.

Las personas con ideas funcionalistas pensaran que la pobreza existe porque la gente es haragana, no le gusta trabajar y estudiar. Creo que la pobreza tiene muchos orígenes, los cuales no se pueden generalizar. Pero entre los más importantes encontraremos el ambiente o la estructura política, social y económica en donde viven las personas.

En los medios de comunicación, algunos políticos hablan de una sociedad equilibrada; en donde según ellos, los ricos y pobres viven dignamente pagando equitativamente sus impuestos que ayudan a mantener económicamente los magníficos programas en salud, educación y vivienda. Otros políticos, además de esto creen que los salarios que reciben los trabajadores son suficientes para que puedan vivir una vida confortable.

En mi experiencia, vi a mis padres luchar y hacer lo posible para vivir dignamente, pero no lo lograron. Muchas personas y yo hemos tenido que emigrar a Estados Unidos y a otros países debido a la falta de oportunidades de empleos y de un ambiente saludable en nuestra sociedad.

Los políticos que dicen que aman a la patria, tienen que demostrarlo mejorando los salarios de los trabajadores, fortificando los programas en educación, salud, vivienda y otros programas que ayuden al desarrollo humano. Sin olvidar cobrarle a los ricos más impuestos que a los pobres, basado en una ley retributiva y en un sabio refrán que dice: "Así como es el sapo, así será la pedrada".

Actualmente, son los impuestos que pagan al fisco la clase media y los pobres los que sostienen la mayoría de los programas sociales que los gobiernos administran en algunos países de América Latina. Sin embargo, estos programas siempre están en riesgo de ser privatizados y desmantelados por aquellos que se creen los propietarios de estos países.

En esta reflexión llegué a profundizar aún más mencionando a grandes sabios y reconocidos filósofos que han dejado profundas huellas a la humanidad. Cómo no mencionarlos, si de ellos nacieron las sugerencias de las grandes formas de vida y los mejores deseos para el ser humano.

Los antiguos griegos, Sócrates y Platón creían que la política y la justicia deberían usarse para que las personas sean mejores ciudadanos, pero en nuestro mundo nos damos cuenta que la pobreza económica es un delito, por lo tanto, la gente pobre es considerada potencialmente criminal bajo el punto de vista de una gran parte de la clase dominante. En los diferentes medios de comunicación de nuestros países podemos enterarnos de secuestros, asesinatos, extor-siones y muchas noticias relacionadas a hechos sangrientos. Esa es la forma de proyectar el comportamiento de unos pocos miembros de la sociedad. Dicha situación es generalizada creando un ambiente de incertidumbre y desconfianza entre las clases sociales, aunque se debe reconocer que la inseguridad pública es problema serio y evidente, pero hay que tomar en cuenta que también los hechos relacionados con sangre, han comenzado a formar parte en el mercadeo de la información y peligrosamente lo están convirtiendo en un proceso cultural.

La criminalización de la clase pobre, es una herramienta fundamental para ocultar la disfuncionalidad de las sociedades debido a la desigualdad social y económica existente. En países en proceso de desarrollo y desarrollados, gran parte de la clase dominante a algunos grupos de personas los ven como los principales quebrantadores de la ley, solamente por su forma de vestir, de hablar y por su apariencia en general.

A las personas no se les puede juzgar por su forma de vestir, por su clase social, por el color de su piel, por el lenguaje que hablan y por su apariencia en general. La mayoría de las personas de la clase media y pobre, son personas de bien y si alguna vez alguien se equivoca, debe de ser tratada con dignidad y justicia. Y que esa justicia sea usada para corregir la falta cometida. La clase política, y los poderes económicos se afanan en crear leyes más punitivas que correctivas, las cuales solamente crean tensiones de clases innecesarias.

Las leyes son la base de cualquier sociedad para que ésta funcione normalmente. Pero cuando las leyes son obsoletas, las vidas de algunas personas son impactadas negativamente. Un ejemplo palpable, son las actuales leyes de inmigración que están separando familias de inmigrantes indocumentados en Estados Unidos. Al mismo tiempo en algunos países latinoamericanos la vida para la clase media y pobre, cada día es más difícil. Solamente, me hago unas preguntas: —¿Qué tan conscientes estamos de lo que ocurre en nuestro entorno y en nuestros países? ¿Qué estamos dispuestos a hacer para mejorar?

La Reforma Migratoria en Estados Unidos es una necesidad urgente para los trabajadores, honestos, decentes, solidarios y responsables, como también es urgente que en nuestros países las condiciones de vida y oportunidades de trabajos decentes sean algo físicamente alcanzable y no solo una fantástica ilusión.

Estoy consciente de que algunas cosas no van a mejorar, si las personas mostramos apatía a la práctica de la ciencia política y si no reconocemos que somos parte vital de un proceso y una estructura política y socioeconómica. Algunas personas podrían decir que la política es sucia y traicionera; tal vez tengan razón, especialmente si han tenido experiencias negativas. Pero cuando es practicada para mejorar la vida de la población de una ciudad o un país, se convierte en una necesidad ineludible.

Los seres humanos somos resultado de la política, nacemos y morimos por la política. La política es parte de nuestras actividades cotidianas. En Estados Unidos una mujer tiene derecho a decidir si quiere que nazca su niño. En otras palabras, una mujer puede practicar un aborto. Ese dictamen, lo dio la Corte Suprema de Justicia que está compuesto de nueve jueces que por medio de un proceso político del Congreso y la Casa Blanca, son elegidos para tomar ese tipo de decisiones. También es la Corte Suprema la que decide cuando una persona puede morir dependiendo de sus condiciones. Generalmente, la eutanasia o morir con la ayuda de un médico por voluntad del paciente, es prohibido en Estados Unidos a excepción de algunos Estados como California y Oregón donde las leyes se están flexibilizando. Los anteriores ejemplos, nos muestran que por medio de la política se decide cuando nace y cuando muere una persona en la sociedad estadounidense.

En nuestra vida cotidiana en Estados Unidos, según las leyes si queremos cruzar una calle; tenemos que esperar que la luz del semáforo esté en verde, si queremos comprar un producto; tenemos que pagar impuestos. También si queremos manejar un vehículo; tenemos que tener licencia y no hacerlo con influencia del alcohol, y si un joven quiere comprar alcohol en una tienda; tiene que tener veintiún años de edad. En los países latinoamericanos las leyes pueden estar establecidas, pero hay flexibilidad y algunas son menos estrictas.

A veces pensamos que muchas cosas en nuestra sociedad nunca van a cambiar, tal vez algunas cosas no cambien, pero otras si pueden hacerlo, todo depende que tan comprometidos estemos para que esto suceda.

Sobre la política actual, comento que hace más o menos un año, antes de la reelección de Obama, el tema de la Reforma Migratoria fue usado para tratar de restarle votos latinos al partido Demócrata. Pero no lo consiguieron sus adversarios, al contrario, el voto latino fue clave para su reelección. Quizás si se hubiera ganado una Reforma Migratoria en su primer mandato, la reelección hubiera sido más difícil. Los líderes políticos antiinmigrantes, pudieran haberlo usado en su contra, para conseguir votos de algunos electores independientes y antiinmigrantes.

Aunque no es fácil ver familias separadas debido a las deportaciones masivas que se han hecho estos últimos años, podemos ver que esta misma situación y el voto latino son algunos de los elementos claves para que este año la Reforma Migratoria pudiera ser una Ley. Al grupo Republicano antiinmigrante se le ha dado todas sus exigencias (casi dos millones de inmigrantes indocumentados deportados en los últimos cinco años), sin embargo, todavía resisten una Reforma Migratoria con camino a la ciudadanía. La política de mano dura en la aplicación de las leyes de inmigración que son exigidas por esos grupos antiinmigrantes, debería ser humanizada por medio de cambios de criterios que separan a muchas familias.

A pesar de esta situación, Obama con determinación ha logrado algunos cambios importantes, especialmente al firmar la Reforma de Salud en su primer mandato. En esa lucha, mostró una posición firme, no solamente frente a los Republicanos, sino también con algunos congresistas de su partido. Él consiguió el apoyo de la mayoría de su partido para aprobar la Reforma de Salud. Pero meses después, eso le costó el control de la Cámara Baja del Congreso al Partido Demócrata. Muchos de los congresistas que apoyaron la Reforma de Salud, perdieron las elecciones en los distritos que representaban. Los representantes del Partido Republicano hábilmente lanzaron una propaganda desprestigiando los beneficios de la nueva ley de salud.

Ellos decían: —El Gobierno no tiene por qué obligar a las personas a tener seguro médico.

Posiblemente, algunas personas no están de acuerdo en algún artículo. Sin embargo, la ley tiene muchas partes positivas como la prohibición a la discriminación contra pacientes por tener alguna enfermedad preexistente. Los seguros médicos en muchos casos no aceptaban cubrir a pacientes con estos tipos de diagnósticos, ahora bajo la nueva ley, esta práctica va a ser ilegal.

Tristemente, los inmigrantes indocumentados por su estado migratorio, no van estar cubiertos en la Reforma de Salud. Y debido a que gran parte de congresistas del Partido Republicano y unos pocos Demócratas, no dieron su apoyo. Pero algunos cambios positivos están ocurriendo debido a la participación de los latinos en el proceso electoral. No tenemos que desistir en hacerlo, sino seguir haciéndolo e integrar a otras personas para que voten. Se necesita más participación en actividades cívicas, sociales y políticas. No basta solamente con votar en las elecciones cada cuatro años, debemos estar organizados para impulsar los cambios que se necesitan concretar.

Para poder avanzar la agenda Demócrata, el presidente Obama, fundó la organización Nacional llamada "Organizing for Action" (Organizando para la Acción), la cual es la herramienta que ayuda a concientizar su base (seguidores y activistas que apoyan a Obama). La organización hace muchas actividades para poner presión a los políticos que se oponen a apoyar reformas progresistas. A veces circulan peticiones vía internet para que se firmen y luego se le entregan a políticos que resisten los cambios. Con este tipo de actividades podemos entender que los ciudadanos deben de estar siempre activos y conscientes de lo que ocurre a sus alrededores, y no solamente votar en las elecciones cada cuatro años. "Organizando para la Acción", también acompaña a Obama para que la Reforma Migratoria se convierta en ley. Esto demuestra que debemos estar organizados y no dejar solos a los líderes, aunque a veces existan divergencias sobre algunos asuntos controversiales.

Otros grupos claves que están apoyando la Reforma Migratoria son los jóvenes estudiantes latinoamericanos, políticos, líderes religiosos, organizaciones de base junto con los sindicatos que con su talento, fe, compromiso y determinación han dado un nuevo aire a nuestra comunidad. Sin embargo, hay que estar conscientes que la iniciativa de ley que está siendo discutida en el Senado, según algunos líderes y activistas de nuestra comunidad, no necesariamente beneficia a todos los inmigrantes indocumentados.

Aparentemente, la lucha apenas podría estar comenzando. Las grandes preguntas si se aprobara la Reforma Migratoria serían: —¿Qué va a ocurrir con las personas que no sean elegibles? ¿Qué están dispuestos hacer los partidos políticos, sindicatos, organizaciones religiosas, estudiantiles y comunitarias a favor de las personas excluidas de la Reforma Migratoria? ¿Qué tan organizada está nuestra comunidad para conseguir leyes más inclusivas?

DESPERTANDO DEL SUEÑO

El sueño me había conectado muy bien con mi inconsciente, el cual reveló algunos eventos reales y otros ficticios. De repente, mi amigo Emilio, quien vivía conmigo en el apartamento dijo: —Lupillo despierta ¿qué tienes?

Medio dormido respondí: —Parece que estaba teniendo un bonito sueño que se acercaba mucho a la realidad. Pero es mejor que me levante, sino vamos a llegar tarde al edificio que tenemos que limpiar.

Luego me levanté de la cama, me alisté y juntos salimos del apartamento a enfrentar a la sociedad moderna dominada por el uno por ciento de la población. Pasamos a beber una taza de café y a comer un pan dulce en una cafetería. En ese momento, en la televisión dieron la noticia de que una propuesta de Reforma Migratoria iba a ser debatida en el Senado de los Estados Unidos con muchas posibilidades de ser aprobada, pero la facción antiinmigrante más fuerte del Partido Republicano resistía apoyar la iniciativa.

En las noticias internacionales de América Latina, nos enteramos de que un dictamen de culpabilidad de una jueza contra un general retirado que dio un golpe militar en su país y quien es acusado de genocidio, fue anulado por la Corte de Constitucionalidad, mientras la parte demandante decía que la justicia en ese país no era muy seria, pero que iban a seguir el proceso legal.

Otra noticia importante, era la de un ex candidato perdedor de una reciente elección presidencial, en un país del Sur de América Latina. El ex candidato perdedor visitó a un presidente de un país vecino para hablar sobre la elección. Según él, en la elección hubo fraude. Sin embargo, la gran mayoría de organismos internacionales, gobiernos de América Latina y casi del mundo entero, han reconocido al actual presidente como legítimo.

Después de haber tomado el cafecito y comido el panecito, ambos caminamos en la calle rumbo al edificio donde teníamos que trabajar, mi amigo muy pensativo preguntó: —¿Qué piensas de lo que escuchamos en las noticias?

Con una mezcla de escepticismo y optimismo respondí: —Parece que aquí en Estados Unidos hay una señal de esperanza de que ya no tengamos que andar escondiéndonos y ser perseguidos. Allá en nuestros países las cárceles están llenas de personas pobres y muchas podrían ser inocentes, mientras que a los individuos que tienen poder y sobrepasan las leyes, todavía los ven como héroes. Los que tienen el poder solo hablan de encarcelar, tener armas sofísticadas y desaparecer a cualquier persona que rete sus acciones. Los pobres buscan justicia, mientras que los poderosos se esconden de ella y solamente la buscan para defender su propio interés. La justicia a favor de los pobres está limitada desde hace muchos siglos atrás. Nosotros tenemos muchos defectos, virtudes, individualmente so-

mos vulnerables y colectivamente poderosos, sin embargo, no nos creemos dioses.

La justicia y el crimen por siglos han sido
temas de arduo debate. A Jesucristo y a
Sócrates los asesinaron aún con sus virtudes,
como lo han hecho con muchos líderes por
generaciones. Generalmente, el poder busca
pretextos para hacerlo. Jesucristo, fue acusado y perseguido por decir que era hijo de
Dios y que se debería compartir las riquezas
con los pobres. Hablaba de la tolerancia,
misericordia y resistía la soberbia. Sócrates,
creía que el ser humano tenía que ser justo y
buscar la justicia como una virtud. Sin
embargo, fue acusado por sus enemigos supuestamente por pervertir a jóvenes meno-
res de edad. Él desarrolló el intelecto de muchos discípulos entre los que se encontraba
Platón. Estos eventos son como una refe-
rencia sobre lo que ha vivido nuestra humanidad.

En tiempos modernos, según los conservadores extremistas los líderes progresistas
son populistas, socialistas, subversivos, agi-
tadores, revolucionarios y algunos podrían
ser fanáticos religiosos. El ser socialistas o

capitalistas, cristianos, judíos, budistas, musulmanes o practicar el Hinduismo es parte de las sociedades del mundo y nadie tiene el derecho de crear conceptos prejuiciosos que no se adaptan a la realidad del Siglo XXI. Esos prejuicios se vieron en las elecciones presidenciales del 2012, cuando algunos adversarios de Obama dijeron que era socialista. Este tipo de etiquetas usadas demuestran el ataque directo a quienes no comparten con ellos los mismos valores, principios y, sobre todo, la ideología política. Se supone que ninguna persona debe ser atacada, amenazada, y en ocasiones llegar a otros extremos, solamente por mostrar un punto de vista diferente.

Pero las estrategias usadas por enemigos y adversarios de personas públicas, son variadas, lo cual demuestra que en el inconsciente de algunos seres humanos viven sentímientos e ideas temerosas. Esa es una de las partes del cerebro del ser humano que a Sigmud Freud (Neurólogo austriaco de origen judío) y Carl Jung (Psiquiatra sueco) les gustaba estudiar. Es posible que alguna vez Freud se haya preguntado a sí mismo, sobre lo que había en el inconsciente de aquellas personas que atacaron a los judíos. En este triste episodio de la civilización, Freud en carne propia vivió la persecución por ser judío, y la experiencia del comienzo de la Segunda Guerra Mundial, en donde algunas de sus hermanas murieron. Algunas personas podrían decir que el enfoque principal de Freud era sobre la libido del ser humano, pero no se puede dejar por un lado que fue uno de los primeros científicos que expuso la existencia del inconsciente y como éste influye en el ser humano.

Me atrevo a decir que los prejuicios de ideología política, de clase social, de preferencia religiosa, racial, y el etnocentrismo que están anclados en el inconsciente de algunas personas, son peligrosos para cualquier sociedad. Así como lo que ocurrió en la Segunda Guerra Mundial y otros conflictos bélicos que han ocurrido y siguen ocurriendo en el presente. Sin embargo, se habla mucho sobre la prohibición de las armas de destrucción masiva y la paz mundial. Por eso, creo que tener una ideología política, entender a que clase social pertenecemos, practicar una religión, conocer nuestros orígenes y entender nuestros grupos étnicos, es algo positivo que nos enriquece como individuos. Pero hay que estar alerta con nuestros propios prejuicios, con aquellas personas que son clasistas, segregacionistas y se creen superiores.

Siguiendo la conversación, Emilio preguntó: —¿En dónde aprendiste esto?

Luego respondí de la siguiente forma: —No soy uno esos grandes líderes de nuestra gran América del Sur de quienes hay mucho que aprender, pero te voy contar parte de mi vida.

Después de que mis padres murieron, asistí a la escuela nocturna que estaba cerca del barrio donde vivía. Ahí aprendí a leer y escribir. Solamente, terminé el sexto grado de primaria debido a que tenía que trabajar todo el día. Lo bueno fue que aprendí a leer libros y a entenderlos. En mis horas libres, iba a la biblioteca a devorar algunos libros que creía eran interesantes. De esa forma autodidacta, fue como entendí cosas importantes acerca de grandes genios que han contribuido a mejorar las sociedades del mundo en el área de la Literatura, Filosofía, Sociología, Leyes, Historia, Economía, Política, y Teología. La práctica de la lectura y el entendimiento, me ayudó mucho a conocer que la vida no es solamente lo que miramos y vivimos en el presente, sino hay algo más que necesitamos interpretar para entender quiénes somos. Gracias a esto comencé a entender mi origen. Y llegué a la conclusión de que soy el resultado de muchos eventos que sucedieron siglos atrás, específicamente del año 1492, la época en que llegaron los europeos a América. Mis ancestros son los nativos que habitaban y habitan algunas regiones de Latinoamérica, como también lo son aquellos personajes europeos que arribaron y se mezclaron genéticamente con los nativos. De esta mezcla surgieron los mestizos.

En esta época los europeos introdujeron una nueva cultura, tomaron muchas propiedades y recursos naturales de los nativos. Aunque muchos de los grupos nativos resistieron y pelearon dignamente, las modernas armas y estrategias de guerra de los europeos fueron determinantes. Sin embargo, los descendientes de los nativos que resistieron, abandonaron las áreas ocupadas por los europeos, mantienen una riqueza cultural amplia y están formados por varios grupos étnicos. Se puede decir poéticamente que sus dialectos, vestuarios, comidas, religión y costumbres, son una interacción de armonía entre el ser humano y la naturaleza.

Actualmente, el otro grupo que existe son los criollos. Este grupo es descendiente de los europeos que nacieron en Latinoamérica, y que no provienen de ninguna mezcla aparte de la europea. Algunos criollos y mestizos son los que en la actualidad controlan gran parte de la economía y política en algunos países. Las características físicas de los criollos son un poco parecidas al anglosajón.

Además de estos tres grupos hay otros más, entre los que se encuentran los afrodescendientes, que fueron traídos de África por los europeos en el tiempo de la esclavitud. El afrodescendiente es el grupo que ha enriquecido nuestro espíritu de justicia por medio de los líderes que nacieron, vivieron, y murieron por la transformación de las sociedades de sus países, incluyendo a Estados Unidos. Entre estos líderes encontramos a François Dominique Toussaint-Louvertur y Jean-Jacques Dessalines, líderes haitianos de la primera victoria independentista en el Nuevo Continente. Es decir, ellos son considerados líderes claves de la independencia de Haití del año 1804.

Más de un siglo y medio después, en Estados Unidos Malcolm X y Martin Luther King Jr., nos dieron una lección de determinación y lucha. Ellos quebraron la Segregación racial, y abrieron el camino para que los afroamericanos, latinos y otros grupos minoritarios comenzaran a ser integrados a la sociedad estadounidense.

Dentro del contexto histórico, también se podría mencionar los dos valores y principios de la Iglesia Católica que se enfrentaron durante el periodo colonial, los cuales fueron determinantes para nuestra existencia. Por esa razón, creo importante hablar sobre este polémico tema. Según algunos libros de historia de la época colonial el proceso colonialista no fue tan fácil. Especialmente, dentro del liderazgo de la Iglesia Católica que tuvo que decidir entre evangelizar a los nativos o dejar que los soldados españoles pelearan contra ellos. En otras palabras, en la Iglesia Católica había dos visiones en las que se encontraba la del fraile Bartolomé de las Casas, que creía que los nativos eran seres humanos y podrían ser evangelizados. Básicamente, decía que los nativos eran nobles, sensibles, trabajadores y respetaban mucho a sus dioses.

Contrariamente, el sacerdote Juan Ginés de Sepúlveda decía que los nativos eran salvajes, paganos, inferiores y enfatizaba que los nativos tenían alma, pero era inferior a la de los europeos.

El resultado de estas visiones las podríamos ver en una forma moderna. La creencia de Bartolomé de las Casas, se podría observar en los Arzobispos o Monseñores que hablan y actúan a favor de las personas pobres, como lo fueron Óscar Arnulfo Romero, de El Salvador y Juan José Gerardi, de Guatemala. Tristemente, ellos fueron asesinados en sus respectivos países, Monseñor Romero fue asesinado en la década de los años 1980, mientras que Gerardi, fue asesinado en la década de los años 1990. Además de Romero y Gerardi, muchos sacerdotes han sido asesinados por aquellos que siempre quieren callar las voces de los que representan a los oprimidos. Podría decir que la relación que existe entre el fraile Bartolomé de las Casas y los Monseñores Romero y Gerardi, se fundamenta en la inclinación a la humanización del ser humano.

Ellos demostraron con acciones que los retos que se toman a veces son peligrosos, especialmente en los casos de Romero y Gerardi. A de las Casas, solamente lo trataron de desprestigiar inventándole falsas etiquetas. A pesar de los esfuerzos y sacrificios que ellos hicieron, posiblemente los vestigios de la creencia de Sepúlveda, todavía perduran en la mente de algunas personas que no entienden que son parte de la carga histórica que les ha tocado vivir. Y que es responsabilidad de ellos liberar o mantener en sus mentes esas ideas que no valoran, ni respetan la convivencia humana. Quizás existen algunas personas que si lo entienden, pero la codicia los ciega. Ellos se afanan en ver a los pobres como criminales, negándoles empleos, pero creándoles cárceles y proveyéndoles armas. Solamente, deseo que algún día el entendimiento toque las puertas de esas almas, que no son superiores ni inferiores y les ayude a liberarse de sus temores y codicia.

En Estados Unidos, actualmente en el asunto de la Reforma Migratoria se podría decir que la filosofía de los Republicanos antiinmigrantes, se acerca un poco a la filosofía que practicó Juan Ginés de Sepúlveda, especialmente sobre el aspecto de la inferioridad. Muchos Republicanos con sus actitudes y mensajes emitidos a la opinión pública consideran que los inmigrantes indocumentados no deberían tener una ciudadanía estadounidense y vivir una vida digna.

Sin duda, es necesario también hablar sobre los temas de la identidad y valores humanos.

Con respecto a mi identidad, puedo describir a mi padre como una persona morena, no muy alta, ojos rasgados color negro, cabello lacio y hablaba un dialecto además del idioma español que nunca supe cuál era. En contraste, mi madre tenía piel clara, ojos verdes, más alta de lo promedio, cabello castaño y su único leguaje era el español. Mi padre emigró de la provincia a la capital del país en busca de empleo. Mi madre ya vivía en la ciudad, sus padres y abuelos eran capitalinos.

Después de conocer mi identidad, comencé analizar que las personas practicamos diferentes tipos de valores. Este conjunto de elementos en nuestra mente es vital para hacer buenas o malas acciones. Con Bartolomé de las Casas y Sepúlveda la historia nos enseña dos tipos de valores y principios humanos que las personas pueden poseer. Aunque cada persona es libre de elegir los valores que quiere practicar. Sin embargo, es importante evitar que la historia se repita.

Como parte de esos valores no se pueden negar, los millones de personas que han muerto en el mundo por guerras sangrientas. En Latinoamérica desde la década de los años 1960 al presente, miles de personas han sido asesinadas, secuestradas, torturadas y desaparecidas, solamente por resistir la opulencia de los poderes económicos, y políticos que han controlado y siguen controlando algunas sociedades. Muchas personas tuvieron que emigrar a otros países en busca de asilo político. Algunas fallecieron viviendo en tierras extrañas, otras exigen respuestas al canibalismo político que algunos practican y que caracteriza a aquellos que no pueden debatir las ideas de una forma civilizada.

Entiendo que el ser humano debe ser tolerante y receptivo ante otras personas que son diferentes. La codicia, arrogancia, y el etnocentrismo nos lleva a vivir una vida de mentiras y superficialidades. Necesitamos vivir en un mundo que sea relativamente verdadero, solidario y no inclinado a la conveniencia del egoísmo.

En las sociedades modernas, el millonario tiene miedo a que el pobre le arrebate sus riquezas, mientras el pobre tiene miedo a que su pobreza sea mayor cada día y que el rico sea el causante de su destino. Sin embargo, las tensiones entre la clase media y pobre son evidentes. A veces algunos vecinos se pelean entre ellos mismos en las colonias, barrios o asentamientos. A pesar de las tensiones, cuando hay una necesidad entre algún miembro del barrio o colonia, siempre hay alguna ayuda, es raro que se abandone a la persona vulnerable.

Gran parte de nuestros pueblos existen, gracias a esa solidaridad que los seres humanos ponen en práctica desligándose de su egoísmo. Eso ocurre porque el ser humano por naturaleza quiere ser bueno, a pesar de las imposiciones injustas de la estructura de la sociedad. Reconozco que en Estados Unidos y Alemania hay algunos millonarios conscientes y con un alto grado de entendimiento sobre sus responsabilidades en la sociedad. Según algunas noticias, un grupo de millonarios de estos países le han pedido a su respectivo Gobierno que les aumente los impuestos. Esto nos muestra, que ellos entienden la difícil situación que las sociedades de estos dos países confrontan, y que no se puede criticar a todos de la misma forma.

Muy consciente Emilio comentó: —Ahora me doy cuenta de algunas cosas Lupillo. Sé que no eres Lula ni Evo, ¿quién se va a comparar a tan grandes líderes que nuestra Latinoamérica ha dado al mundo? Gracias por compartir tu entendimiento conmigo. Aunque yo tuve a mis padres por mucho tiempo, yo no tuve la oportunidad de ir a la escuela, porque trabajaba con mis padres de sol a sol en la agricultura. Pero aprendí también que el ser humano no es más importante por lo que dice, sino más bien por lo que hace. Algunos políticos prometen todo el tiempo, pero sólo son palabras, cuando uno los reta se esconden y te mandan a callar, aunque hay políticos como Lula, Evo y muchos más en América Latina que si son líderes y merecen respeto.

Sin dudarlo mucho respondí: —De todo hay en la viña del Señor, pero hay que seguir adelante, limitar nuestros prejuicios, mantener los ojos bien abiertos para ver y distinguir, lo bueno y lo malo bajo nuestra perspectiva. También es importante que comencemos a hablar con nuestros compañeros de trabajo, sobre los siguientes pasos que vamos a dar para organizarnos y negociar un contrato colectivo con la compañía. Cada día el jefe nos asigna más trabajo, no ha aumentado el salario desde hace dos años, a veces no nos paga completas las horas que laboramos. También tenemos que pagar mucho dinero para recibir nuestros beneficios médicos, solamente tenemos una semana de vacaciones pagadas, y cuando nos enfermamos, no nos paga los días de enfermedad.

Emilio comentó: —Pero las leyes nos protegen.

Luego respondí usando el conocimiento que los libros y un organizador sindical me habían enseñado: —No es necesariamente así Emilio, los jefes pueden pagar el salario mínimo bajo la ley por muchos años, sólo tienen que respetar las leyes federales, estatales y municipales. Ellos no están obligados a dar aumentos de salarios cada año al trabajador, no están obligados a pagar vacaciones o a pagarle al trabajador cuando se enferma y no puede ir a trabajar, no están obligados a darles beneficios médicos a los trabajadores (sin la nueva Reforma de Salud), ellos no tienen que aplicar la disciplina progresiva cuando un trabajador tiene dificultades en su trabajo y no están obligados a asignar el trabajo por orden de antigüedad. Estas prestaciones y protecciones sólo las pueden tener los trabajadores cuando se organizan y negocian un contrato colectivo con su patrón. Pero cuando no se alcanza un acuerdo la única herramienta de presión que tienen los obreros es la huelga.

Hay empresas o instituciones que si dan algunos de estos beneficios, aunque los trabajadores no estén organizados. Pero muchas de esas pueden despedir al trabajador en cualquier momento, basado en la doctrina de la voluntad. Esta doctrina sugiere que es la voluntad del patrón darle empleo al trabajador, como también es la voluntad del trabajador tener ese empleo, por lo tanto, el patrón puede despedir al trabajador con o sin causa justa. Dolorosamente, cuando las condiciones de trabajo son deplorables o hay algunos otros factores, el trabajador puede renunciar al empleo cuando lo desee.

Recuerda que esas son partes de las leyes que existen, hay otras que los trabajadores pueden usar, dependiendo de la situación.

También creo que es importante mencionar los temas políticos y económicos los cuales se reflejan en la vida diaria de cada ser humano.

En la Política y la Economía podemos darnos cuenta que cuando hay crisis económica, lo primero que hacen algunos líderes políticos es reducir los presupuestos de educación y salud, especialmente aquellos programas que ayudan a los niños, estudiantes y personas retiradas de la vida laboral. Algunas personas se peguntarán, si la educación, salud y vivienda son componentes esenciales para los miembros de una sociedad, ¿por qué siempre que hay crisis estos programas son el blanco de ataque de algunos políticos, pero para la guerra si tenemos dinero?

No puedo responder a esa pregunta con total certeza, pero si puedo decir que el crimen lo han convertido en una acción lucrativa y como una manera de ocultar la falta de énfasis que se le da al desarrollo humano. Cuando hay más crímenes, hay más policías, armas, abogados, cárceles y hasta es usado en elecciones políticas para elegir a supuestos héroes que prometen controlarlo.

El crimen para las personas inclinadas a lo punitivo con intereses económicos muy definidos, es parte muy importante en nuestra sociedad. En algunos países de Latinoamérica, las compañías de seguridad son una respuesta al mercado del crimen. Se cuentan por miles las personas que laboran como guardias de seguridad en esa industria. El crimen, también puede ser usado por políticos de países poderosos para justificar la declaración de guerra a otras naciones.

Las personas víctimas de crímenes, podrían tener un concepto diferente al mío sobre este asunto. Pero tengo algunas preguntas que tampoco conozco muy bien las respuestas: —¿Por qué se cometen los crímenes? ¿Quiénes cometen los crímenes? ¿En dónde se cometen los crímenes? ¿Qué hace la sociedad para evitar que se produzcan los crímenes? ¿Quiénes obtienen ganancias del crimen?

Las respuestas a estas preguntas aparentemente son fáciles, pero nuestros prejuicios programados en nuestra mente están ahí, por lo tanto, es mejor que cada persona se conteste a sí misma, aunque anteriormente pude haber contestado algunas bajo mi perspectiva prejuiciosa.

Emilio, respondió: —Las cosas pueden ser no tan fáciles como uno piensa, nuestra sociedad es muy complicada.

—Tienes mucha razón en algo, pero podría no ser tan complicada —contesté.

Luego en la conversación seguí compartiendo mis sencillos argumentos: —Mi perspectiva sobre la verdadera sociedad funcional es muy simple. Creo que cualquier sociedad del mundo que provea a los ciudadanos buenas oportunidades de empleos, educación de calidad, dignos programas de salud, programas decentes de vivienda para las personas que lo necesiten, sería considerada una sociedad que estaría a la altura de una civilización moderna. Pero si tenemos lo contrario, siempre el crimen va a seguir siendo usado como una justificación para condenar a las personas pobres y pro-

103

teger el enriquecimiento desmedido de la clase élite. Es momento de reflexionar y dejar de buscar las especulaciones como soluciones a los problemas. No se puede seguir escondiendo la verdad y realidad que viven los ciudadanos de las diferentes clases sociales.

En nuestras sociedades además del crimen, hay muchos asuntos importantes los cuales deben de tratarse con extrema importancia y seriedad. En varias oportunidades hemos escuchado decir a diferentes directores de programas de salud, educación, vivienda y otros programas sociales, que el servicio que proveen no satisfacen las necesidades de los ciudadanos, debido a que no cuentan con los recursos económicos que se requieren. Incluso, hay algunos presidentes en América Latina que se quejan por la falta de dinero para dichos programas. Sin embargo, siguen privatizando instituciones que son propiedades o recursos naturales de las naciones.

El perfil de algunos presidentes de Latinoamérica, parece más inclinado a dirigir un país como si fuera una corporación o una institución militar. Una nación no necesita administradores gubernamentales, lo que necesita son líderes que ayuden a mantener una sociedad económica y socialmente equilibrada. Y no solamente escuchar las exigencias de la clase élite que siempre está resistiendo pagar los impuestos correspondientes. Algunos gobiernos y la clase élite siempre le pasan la factura a la clase media y pobre. En muchos casos las auditorias que hacen las instituciones de recaudación de impuestos van dirigidas a la clase media y pobre.

Los gobiernos democráticos no deberían estar siendo liderados por grupos gerenciales que ven a los ciudadanos como fuentes de ganancias y no como personas integradas a la sociedad. El libre comercio y el derecho individual, no deben sobrepasar el bienestar colectivo de los ciudadanos de una nación. Todos los recursos naturales e instituciones de una nación pertenecen a toda la sociedad, no solamente a aquellas personas que creen que todavía vivimos en tiempos de la Colonia Española, proceso en el cual le arrebataron las tierras y muchos recursos naturales a los nativos.

Actualmente, parece que esas mismas tendencias políticas, económicas y sociales desean terminar la tarea que según ellos tienen pendiente. —¿Crees tú que eso está ocurriendo? —preguntó Emilio. —Claro que sí —respondí y seguí diciendo: —Las riquezas son privatizadas gradualmente. La privatización bajo mi entendimiento, no es algo de lo cual tendríamos que estar muy satisfechos.

En algunos países latinoamericanos la clase élite privatiza las instituciones que deberían pertenecer al Estado y se niega a pagar impuestos. Las compañías telefónicas, mineras, petroleras, portuarias, electricidad y otras, han sido botines que generan ganancias exorbitantes que solamente favorecen a un mínimo sector de la sociedad. Si te preguntas, ¿por qué se dice esto?, la respuesta sería que los precios de electricidad, servicio telefónico, gasolina y otros productos o servicios son elevados y que los ciudadanos obligadamente tienen que pagar. Sin embargo, cuando en ocasiones algunos presidentes valientes le quieren exigir a ese sector pequeño de la sociedad que pague más impuestos, este sector resiste presentando explicaciones muy interesantes.

Primero, ellos no pagan suficientes impuestos al Estado porque la corrupción de los administradores públicos es deshonrosa.

Segundo, cuando el Estado administra los bienes públicos de la nación, la efectividad y los servicios que proveen, no son de buena calidad.

En respuesta a estos argumentos, podría decir que la corrupción se puede combatir cuando en una sociedad a los empleados y administradores públicos, se les pague salarios que verdaderamente llenen las necesidades económicas para sostener a las familias. No querer pagar impuestos acordes a las ganancias o ingresos, solamente es un argumento que carece de razón. Sin embargo, los anteriores argumentos han sido usados efectivamente sin reconocer las contribuciones económicas al fisco que hace la clase media y pobre. La palabra reconocimiento no existe en el vocabulario de los opulentos, solamente existe la palabra crimen.

Con respecto a la eficiencia y servicio, se reconoce que el sector privado algunas veces es eficiente y ofrece buena calidad en los servicios, pero los precios como dije anteriormente son altos e impositivos. Se puede mencionar que en el servicio educativo y de salud en muchos países las universidades, escuelas y hospitales privados han inundado a la sociedad exageradamente, en algunos casos superan la capacidad del servicio público.

Las razones pueden ser muchas, pero una de las más fuertes son los presupuestos asignados por los gobiernos a instituciones públicas, los cuales no son suficientes. Al no contar con dinero suficiente, la incapacidad de las instituciones en atender a más personas y proveer servicios con eficiencia, se convierte en una justificación para expandir los negocios privados o privatizar las instituciones del Estado. Imagínate, un hospital público que por intereses comerciales fuera privatizado, las personas que usarían esos servicios serian personas que económicamente puedan solventar estos gastos. El crecimiento de los sectores privados en servicios sociales es algo positivo para algunos grupos sociales, pero para otros grupos es importante mantener y mejorar las instituciones públicas.

Desafortunadamente, el resultado del sistema de privatización podría relacionarse con los millones de personas desempleadas, alto flujo migratorio de trabajadores hacia Estados Unidos, salarios insuficientes para el sustento de las familias de los trabajadores, discriminación contra trabajadores mayores de cuarenta años de edad, atentados criminales contra líderes obreros cuando quieren organizarse en sus sitios de trabajo, discriminación contra la mujer en los sitios de trabajo, protección y privilegios a empleados que no cuestionan injusticias en los lugares de trabajo y bloqueo laboral a trabajadores por tener historial sindical.

Por todos esos y otros asuntos pendientes como el pago de impuestos, corrupción y privatización, sugiero que para mantener las instituciones públicas accesibles a gran cantidad de personas y que su servicio sea eficiente, se necesita contar con recursos económicos para solventar los gastos que se requiere. Especialmente, en el mantenimiento de equipo tecnológico, materiales, salarios decentes para los trabajadores, y otros tipos de gastos necesarios para el buen funcionamiento. Esos recursos económicos pueden obtenerse con una justa recaudación de impuestos, en la cual los millonarios también paguen al fisco lo que les corresponde.

Se debe reconocer que la corrupción no debería de ser un obstáculo para mantener las instituciones públicas funcionando. Por esa razón, creo que en las instituciones públicas, la organización administrativa sea formada por representantes de la élite, Gobierno y trabajadores, para que participen en la toma de decisiones y evaluación sobre la calidad de servicio que se ofrece. Específicamente, estas instituciones serian hospitalles, escuelas y otras agencias sociales designadas a dar servicio a los ciudadanos sin importar la clase social. Con la integración de esos tres grupos en las instituciones, las diferencias, convergencias e intereses propios de cada grupo podrían convertirse en una sola meta, la cual sería velar por el bienestar del ser humano. Esta dinámica sería una forma de cómo practicar la integración, el pluralismo y la verdadera democracia en sociedades que quieren vivir en armonía y sin temores. La sociedad no le pertenece a una específica clase social, al contrario, todas las clases sociales le pertenece a la sociedad. Por tal razón, los beneficios y servicios públicos deben ser utilizados por la sociedad en su conjunto como un derecho y no como un privilegio.

Finalmente, invito a los políticos conservadores y tecnócratas funcionalistas a poner en práctica el maravilloso sentido lógico, para mejorar la sociedad e inducirla a una orientación colectiva, dejando a un lado el individualismo y egoísmo. También quiero recordar los valores que dejaron como herencia fray Bartolomé de las Casas, Óscar Arnulfo Romero, Juan José Gerardi y todas aquellas personas que han contribuido al reconocimiento de la existencia del ser humano en las diferentes sociedades de América Latina.

Unos minutos después de la conversación, llegamos a la entrada del edificio donde teníamos que trabajar. Enseguida al encargado del edificio le pedimos las llaves de la bodega donde guardamos nuestro equipo de trabajo, y después comenzamos a limpiar las oficinas. Así continué mi vida, después de que un sueño me había revelado mi profundo inconsciente colectivo y ahora en mi realidad pude expresarlo.

Es así como Lupillo terminó de compartir sus experiencias, a la vez que describió la realidad que refleja las condiciones de vida de la comunidad inmigrante indocumentada en los Estados Unidos y los ciudadanos de ciertos países en Latinoamérica. La fábrica social en donde vive Lupillo exige a que sea exitoso, que tenga mucho dinero, casas, carros, celulares, ropa de moda y todo lo que la estructura de la sociedad ofrezca, pero que al mismo tiempo pone muchos obstáculos, que no todos podemos superar. Hay muchas definiciones de éxito las cuales se adaptan al pensamiento de cada persona. Lo más importante es no dejar que alguien pueda decir algún día que es prohibido soñar. En efecto alguien puede creer que personas de ciertas clases sociales, no pueden soñar debido a las ventajas y desventajas que existen entre éstas.